`n Vygiebedding vol sterre

deur Abel Botha

'n Vygiebedding vol sterre

Uitgegee deur Abel Botha

Postnet Suite 459,

Privaat sak X4019,

Tzaneen, 0850

mwabelb@mweb.co.za

ISBN 978-0-620-60199-3

Uitleg en publikasie fasilitering deur Boutique Books. Gedruk en gebind deur Interpak Books (Pty) Ltd, Pietermaritzburg.

Opgedra aan my pragtige vroutjie Mariette, want die meeste van hierdie gedigte was maar net 'n hunkering na haar.

Voorwoord :

Iemand het eendag gesê elke mens moet ten minste een gedig, een skildery en een lied skep as nalatenskap vir sy nageslag. Hierdie is my poging daartoe. Die skilderye hang in my en my ma se huise. Die gedigte is almal geskryf in my jeukerige jong jare, vandat ek student was tot nadat ek getroud is, behalwe vir die paar gedigte na my Pa se dood en die Engelse gedig. Toe ek vir Mariette ontmoet het, was dit eintlik 'n vervulling van al die hunkering en heimwee wat ek as jong mens ervaar het. Daarmee het die dryfveer vir die digkuns verval.

Sommige van hierdie gedigte was gepubliseer in Die Tydskrif vir Letterkunde (TVL) en een in Rooi Rose. Waar ek sê "Aanvaar vir publikasie in TVL", beteken dit dat ek 'n brief van hulle gekry het dat hulle dit aanvaar, maar dat ek dit óf gemis het, óf dat daardie gedig op die ou einde tog nie gepubliseer is nie.

Abel Botha Tzaneen 2014

die maan is dood laasweek
dis net ek
en 'n vygiebedding vol sterre
alleen

Alleen in die Namib by 'n kampvuur

Gedagtes op my rug

'n Groot voël spikkel deur die blou

My gedagtes gooi duim

en ry saam tot 'n ver land

van blink-blou mere

en pienk flaminke

sirkels kleure voor die son

met skreeuende pylpunte

wat my denke deurboor

tot hier.

Vervanhier

Ek wil ver wees

ver van dooie oë

en goedkoop sigare

leë mense

met skinderoë

en gunston porches

of braak op die Hellenic se stoep

Ek wil ver wees

waar ek nog ek kan wees

by huisies met houtstoof reuk

en skewe sink kleinhuisies

om heerlike lug te drink

met blink hare wat op die son ry

en sommer in my hart in galop

(Pretoria)

Sondag

Rye orrelpype dawer

deur eskaders ligte

en meng met storms gesange

    rusteloos

      stom.

stil stemme rym

van hunker-liefde

en voel dit groei.

Net 'n ou man   *(Gepubliseer : Rooi Rose 13/06/1973)*

Eensaamheid drup:

op stoeptrappies

agter pype.

Slap oë peins oor

voetseer paaie

van geheime – sieldiep seer

en hunker-pyn na jeug

se sonlag-liefde

JY

Jou hand in myne

terwyl ons stap

jou skoenlapper laggie

sinusgolf my hart in

jou hare is mooi vandag

so blink

Ek sien die perskebloeisels

se ligpers glimlagte

alles is so skoon vandag

asof God dit gekam het

Dink jy ook

horisontaal in jou alleenwees

'n klein bietjie aan my?

Reën

Sagte reën op die dak

drup deur my ore

in my hart

Die horlosie tik

ewige uurtjies se dink

in skel slae uit

Die reën is duisende trappertjies

wat deur werklikheid skuifel

tot by diepdinkland

Ek drup saam

'n kaleidoskoop van verbeelding

met ek die held nog

wanneer die reën skelm

langs hol voetpaadjies wegkoes.

Aan 'n vriend

Dis so rustig hier

op jou

wat so min eise stel

wat altyd stank vir dank kry

Wat sien jy alles

en bly stil

borrel op en sluk in

soveel jare al?

Voor ek loop

ek trek net gou jou ketting

Ek en jy   *(Gepubliseer : Tydskrif vir Letterkunde Mei 1979)*

Ek   jy   die
  \   /   \   /   \
      en   op   branders

of

  vinnig

    die

      duine

        af

Dis so lekker om jonk te wees

saam aan die lente te kou

Elke happie

                              'n ewigheid

jysonabymy

ek voel jou asem op my gesig

hóór die lente in jou stem

as jy my hand vat

of die son seer oor ons rûe lag

en jou roomyshande op my rug

raak sommer aan my hart

Die aand

Kerkklokke tussen koffie en my pyp

is nou stil

Langsaan gaan 'n telefoon af

Dis rustig nou

'n Kriek enkeling in die stad

        soos ek

Net 'n meisie

Die meisie

met die kort watervalhare

wintergrasvaal

so klein, amper breekbaar

haar laggie gryp jou sommer

Grooet oë soos neute

die kleur van vars leemgrond

Ek wil haar liefhê

as eendag uit my drome

my arms om haar vou

Swaziland

Soos 'n peleton welgevormde kurwes

lê die berge onder 'n groen plooirok

met blink vingerstrepies water

weggekruip

so naby God

so ver van mense

waar ek met windswael en arend

swem in blou lugstrome

hoër nog

waar die hoogste dagdrome

duimry op die wolke

en af en toe hard val

afgeskiet deur werklikheid

Ons vrede

Vrede

Wat is vrede

of geluk

elke dag se lewe?

swaarkry lekkerkry?

Al die mense om my

Die grotes praat van oorlog

die kleintjies slaap

die grotes praat van die kleintjies

Ek luister net

'n Vraag

'n Antwoord

het ek geantwoord?

So gaan die vrede verby

mense praat van oorlog

(en in oorloë van vrede)

van verloor en wen

Ek luister net

ek weet Wie eendag wen

Sondag

Lapwit bosluisvoëls spikkel stilweg

en met geel kramp-reguit bene agtertoe,

ver onder die grysblou

met watte-wit dryfwolke

en ek wonder

waar ek sit

(met die duiwe eenkant –

die wind skop vas in hulle borsvere) –

waarom mens altyd

Sondagmiddag 'n klein-dood sterf

Besoedeling

(Strepe swart dood

en ons sterf klein bietjies elke dag)

Ek kyk in die straat af

in 'n dofheid

met klein wit venstertjies

wat grys

met boektaswaentjies

soos pikkewyne oor die straat loop

en hoes

(Pretoria – withemp skoolkinders deur die oggend rookmis)

Wil –

en is

Die gaping is 'n afgrond
tussen wil en is
en tussenin –
wat ander dink

As ek 'n god was
in die sinuskurwe van 'n digskap
sou ek uitwis
díe soos ek
wanvoorstellings van 'n mooi lewe

Niks bly oor
Net
'n spoegkolletjie dankbaarheid
in 'n spinnekopnes
Ek is nie

Lewensoog

Die maan is 'n gat in die vliese
Langberg 'n skewe kurk

Wat loer jy –
met jou halwe oog
in 'n donker see
met wit patryspoorte en
skemerings vol seer

of hoor jy
die bekfluitjiehartseer van 'n langasemuiltjie
digby die gomstam se blad

Van jy weg is

Ek wil weghardloop
vir 'n Saterdag sonsak
vlug
kop-onder-'n-graspol-anus-in-die-lug-volstruiswegkruip
van jy weg is

'n asbakkie
met stompies sonder rooi
en net een knakstrooitjie in die pienkskuim –

Jy ís weg

en ek lê
alleen tong-op-die-teer
met 'n oorgewig Saterdagaand op my rug

Eendag teen 'n duin af

In die wydarm vreugde

van jou kykstrepe

wil ek vinnigvoetvoordieandersit

af

terwyl die vingerversameling van ons hande

jou 'n asemstoot naby hou

en die son ons

met strooisandskeppies duin-af help

aan

tot die blink nie-water

en verder

waar die son ophou

en grassiekou liefde begin

wil ek bly hygsit

om jou kleinasempie

op my verhemelte te proe

Alleen

Dit maak my neerslagtig soms
alleen
op die balkonnetjie
oor my skoene te kyk
    (teerskeef getrap al)
na die koue geel liggies
en die berge
wat ek nie kan sien nie

terwyl die eensaam gekke hondegeblaf
seerbyt
met 'n stadsgeraas
se betontande

(Windhoek- jeugsentrum)

Ounag

dis nie verlange nie
dis sommer net 'n swart hand
met koue verlep-oë
wat dit so maak

so   grys
en dood
totdat ek leeg is
en sat moeg moeg
selfs die slaap lê net
wydoog met sy kussingoë en kyk
en wag vir 'n morester
se dofblink koue
wat net nie wil kom nie

(Windhoek)

ek dink aan jou

weet jy

ounag

met die bad koud al

rondom my

en die hysbak wat raas

op die gang se punt

en die water wat sak

as my toon die prop lig

is tyd wat wegsuig

voor ons weer sien

ek en jy

(Windhoek - Jeugsentrum)

Hentiesbaai

Die son maak papwiel oor die see

en lek strepe rooibloed

breed

wat aangeseil kom

tot die silwer skuimfraiings en diephakvoetspore

op die fynsand

(plooiloos en blink, net die mossels

wat al oopkies trek

lê halflyf, soos moesies,

en water sluk)

En hier duskant

die blink lyn wat snaar maak

uit sy visstokboog,

is 'n ander lewe

van skewe duine en vuil

bierblikkies en lugkastele

wat as is al, maar

wat nog net moet brand

Die trotse misgeboorte skeppings van

Homo Sapiens

Op die vlak *(TVL 1978)*

Ek sit weer op die vlak

vandag –

met die amperson en

die knoppiesvel wind –

en dink aan jou

en vyftienhonderd armsalige myltjies

tussen ons

en die ribbetjiesvel rondloperhond

se tjank –

hier tussen die bossiekop kleinduin –

laat my byna verlang

na tye

hoeka verby al

onder koppiespeldpuntsterre

en honderde slaapsakdrome

wat miskien, eendag weer

waar kan word.

Rooibank

Ek dink ek is eindelik gelukkig

of was miskien nog altyd

maar daar is net iets

aan die tent

(binnewarmbuitekoud)

die gaslamp se saggies blaas

of die wilde eselrunnike soos vyfuurfluite

en die koue sterre

wat jou sommer laat weet :

dis nou anders

heerlik anders

anders gelukkig

by die vuurtjie buite

met die bekfluitjie en die

heerlike hartseerverlange

of selfs binne

met die pitsweer wiskunde boeke voor my

wat spot met siekte

(Fehlmann put 9/10/1974 – toe ek moes studeer vir wiskunde deur Unisa)

Skets van 'n papajaboomfamilie

drie bome
- papajas –
voor my venster
'n familie
    skynbaar
so grysbleek
in die Londonkleurlig

die ma
regs breedskouerd
wangeskape
vier borste
platterig skeef
met skerp stokkiesbaardstingels

pa
middel
rietskraal
met
      skewe omkrulsnorretjie
en bles
      heel skeef al
van pure pantoffelregering

heel links
die trots ons seun
met
      jeugdige krulboshare
parmantig en prettig
stewig en gesetterig
versekerd –

in die koelte van ma

so staan hulle
aldag   en praat byna

(Gepubliseer – Tydskrif vir Letterkunde Feb 1979)

'n Groot man kan ook huil

     wereld –

die oomblikke

van alleen wees

met homself –

so tussen tandeborsel

en bid

ek het haar gesien

by die see

met die blou meeue van ver plekke

in haar oë

en amper bietjie

verlief geraak

voor sy weg is

vir 'n honderd jaar

as mens 'n leeftyd kan meet

saans

knipoog die aarde

vir die maan

as sy eenoog

wegsak

agter 'n donker berg wenkbrou

sy nag ooglid sak moeg

oor sy enkel-oog

bloedbelope rooi

vir 'n wereld se skandes

dubbel trippel boel

sewentien

trip twaalf

sigaret?

veertien

Ek is skielik moeg

      leeg –

só vasgevang

in 'n geestesverwarring

vol winddrome –

en leë gedagtes

Ek word soms wakker

uit die droom van menswees –

en skrik vir wat ek doen

Onder die son

is daar nog een plek
iewers
vir my
waar ek kan leef
lag
huil
bid

waar ek nog kan sweet
in die vreugde van my aanskyn
en soms van stóf kan hoes
en nét God se skeppings kan sien?

is daar nog één plek
iewers
met vrede
liefde
geloof
onopgesmuktheid
in die ruimte?

ek sou daar wou leef
eenvoudig
in 'n uitgestrektheid
so oneindig
soos 'n moeder se verlange

rykdom het ek nie
verlang dit ook nie
ek soek net één plekkie

onder die son
sonder wetenskap
      nuus
      tegnologie
en uitbreiding

daar was so 'n plek
hier
tien duisend jaar gelede

Stemme uit die vlak

Die maan lê op sy rug
tussen bleekrooi ooswind stof
oor die see
die kole lê ver paaie se dieprooi
woestyngeitjies klop teen die wind
en die mossies maak middernag koor

wat is dit wat mens so ystervat hier?

die vlak is leeg en koud
en die sterre sing sonbesie
oor 'n blinkswart keteltjie
en 'n kooltjie pyp.
'n Springkaan draai dood in die vlam
en 'n jakkals skree eenmaal ver

wat maak 'n mens so vol heimwee hier?

'n woestyn is so vol siele
luister net –
die ooswind stoot

(Omaruru delta - Namib)

39

Herinnerings *(Geplaas Tydskrif vir Letterkunde Mei 1980)*

ek sal dink aan díe dae
myl dertig, Kaap Kruis
aan krom visstokke en skouers
die bruin bakleiwyn
en vis in die kole

ek sal dink aan daardie verkoue nagte
om 'n warm kampvuur
en die bygaande staaltjies :
Gansbaai, lyn bloed, die vis
wat so mooi loop
en die skuim om die skuit se boeg

en ek sal weet wat dit is
om hartseer te wees, bly te wees, jonk te wees
alles in een dag, een nag
selfs verlief te wees, miskien

en ek sal weet –
      die kreukels in my gesig
die ver pad wat hulle kom –
van daardie een aand in die koue maanskyn
toe ek jou
én byna myself
verloor het   *(Omaruru Delta – Namib)*

Die drie mooiste dinge
ter wereld
is seer skerlik nie mensgemaak nie,
maar uit God :
'n Suidwes sterrehemel
'n verliefde jong meisie
en 'n moeder –
wat haar Skepper
en haar kinders
liefhet

Lang Hans Versleen *(Gepubliseer Tydskrif vir Letterkunde 11/78)*

Die duiwel se kandidaat nommer een –

díe Lang Hans Versleen –

Behalwe half kens, nog mank ook,

met sy een hout been

die gesuip en gefuif hou heelnag so aan

en die boere se dogters moet hulle keer net ken,

hy's 'n duiwel op sy beste –

die Mal Hans Houtbeen

maar vannag, morester se tyd

as die Duiwel sélf in roesslaap verval

sluip Mal Hans sy enigste skande te doen :

sy kinders, arm en sieklik die hele stad deur

met geskenke by die venster op te beur

en só die duiwel, sy baas, te verneuk!

(Omaruru delta – Namib)

Twee perde

Die swart hings loop
sy bek skuim so wit !
Die witte gly onder my –
verby! verby!

Ek ry twee perde
daar is vuur in hul bloed !
die swarte, die witte
só ver van mekaar
geskei deur 'n duisend myl

die een is 'n stad
dis lig en plesier
my tyd is nie vry – dis boeke, studeer
maar tog pols hy, díe wit perd, in my!

Die swart hings is vry
oneindig gestrek
die vlaktes juig wit en plat
die grassade wuif golwend verby
die swart hings se hoewe donder soos blits –
die verlange dryf my op sy rug

ek ry twee perde
in die tyd van een jaar
die swart hings, die witte
duisend myl van mekaar

(Omaruru delta – Namib)

(Na aanleiding daarvan dat my baas in Pretoria nie 'n terugplasing Suidwes toe wou goedkeur nadat ek ses maande tevore 'n oorplasing Pretoria toe gekry het nie – hy het gesê ek kan nie twee perde gelyk wil ry nie!)

'n Dag se vangs

In die dag is dit
wat ek en jy een word :
skipper en skuit
die skuim spat soos ons loop
ek en jy ek en jy
sak dan die net, Jantjie!
gryp daardie hefboom van jou!
voel dan hoe bewe sy
skoon mens sê ek jou
sy ruik dan die vis
die skool loop net hier!
kom draai nou my meisie
stadig, so ja
ryg toe, Lang Koos, dom donner ryg toe!
maak vrek daardie rob!
hy vreet ons leeg
ek vermoor hom, my net! ryg dan toe daar bo!
sit aan jou pompe, Johnny verdomp
laat brul haar ons is amper klaar
dan suig ons hom onder die rob
se blink neus verby
kom Jantjie, bring in jou net
hy's nog heel, hy's heel !

die blinkes lê die buik sommer vol
my keel voel al droog van al die skreeu !
hoe laag lê sy nie
ek voel al die wyn in my keel
huis toe my meisie jy bewe verniet
ek is mos hier, op die brug
ek en jy

die wind teen die ruit en in my gesig
my hart sing met die diesel geklop
so jaag ons die Suidwester
al lê jy so diep
ons is dan een, ek en jy !

(Omaruru delta – Namib)

Die Stamperboorman

ken jy die manne
van hierdie woestyn –
namiddag as die klippe blink
op die vlak, teen die see en
die sweet wat die lyne
volmaak op daardie gesig
kliphard, gebeitel is hy !

hand op die tou –
boorman in bloed –
yster is sagter as hy !
Skilpad, donnerwetter
kom laat ons skep !
hy sak niks, hy's hard
dis kliphard waar hy staan
ou Jon, kom, sit aan die wip
een voering moet vannag nog sak

vannag nog werk ons
hy's hard dat hy bars
die rooiwyn en vis kan vanaand nog wag –
daar's hy, hy's deur, hy's deur die bank !
Skilpad, kom draai maar vas daai klamp

47

kom, ons sweis nog die één lengte klaar

en more is dit vroeg roer kêrels

die tyd raak kort !

more as die son nog sukkel met die mis

en die masjien is so koud dat hy brand

moet ons hier wees, elk op sy pos

en hou dit maar stil vannag in daai tent !

vrou, ek is klaar en koffie sal smaak

dis koud en die moegheid sit in my lyf

die gesukkel en annering maak man tog so tam

en vyfuur is net om die draai .....

(Omaruru delta – Namib)

Die woord annerhing is die suidwesters se verbuiging van
"ander ding" en beteken eintlik : "sommer alles"

Onthou nóú

Onthou jy die dae in Windhoek
in 'n voorkamer in Stephensonstraat
toe ons gesit het op die mat
voor die radio
en "Fernando"
wat jy oor en oor gespeel het
omdat dit Matthew se plaat was

Onthou jy die sonnige sonskyndae
in die strate Saterdag
met die kleure en mense
en die aangename gebabbel in vreemde tale,
die aande in die inry
toe ons eintlik meer vermaak
in onsself gevind het

Onthou jy díe naweek
op die plaas toe jy leer jag het
toe die veilige fisant op vyf tree
nie eers 'n veertjie verroer
toe jy in sarsies losbrand
of die kampvuur díe aand
met die romatiek van swart koffie
in 'n blikbeker –

en daardie suidwes sterre

en al hierdie dinge het verby gegaan
byna onopgemerk
en ons het amper oud geword
en vergeet
tot nou die dag
toe jy amper–amper hemel toe is
en ek skielik
in díe oomblikke
begin onthou het.

(Omaruru delta – Namib)

Sandkorreltjies

Ek ondervind weer die
ou – ou nostalgiese herinneringe
van "Elizabeth Serenade" onder die reën
op die sinkdak –
terwyl die koolstoof sy gesellige hitte
en lewe uitknetter
en ek sien weer die modderspore
op Malatel se vloere
ek ruik die reën in die grond
die heerlike heerlikheid !

wanneer laas het
ek reën gesien, geproe ?
in modderpaadjies saam
met die reën gegly–hardloop ?

dit reën nie in 'n woestyn nie !

maar ek voel tog soms
die druppels op my vel
in my verbeelding as
"Elizabeth Serenade" skielik
oor my radiotjie speel

en die wind en die see

vaagweg ruis –

om dan stil

      soos 'n gedagte

oor die vlak

aangekuier te kom

(Omaruru delta – Namib)

Herkoutjies

elke dag se afskeid

van die klein dingetjies :

plekke, mense, ure, dinge

elkeen 'n klein deeltjie

wat stil-stil afsterf

maar tog weer

later vorm aanneem

om eendag skielik

soos syfers uit 'n rekenaar geheue

helder terug te kom –

'n langvergete

hartseer lekker

kosbaar –

soos 'n stukkie

koedoebiltong

of die hartseer blydskap

van 'n eerste liefde herinnering

Hartseer grysblou oë
oor 'n bossie bleekgeel blomme
– daisies –
in 'n gekraakte glas

Hartseer musiek
op 'n maandagaand
– 'n koue wintersaand –
op 'n warm langhaar mat

'n Hartseer hartseer
onpeilbare heimwee.
Dit is alles dinge wat
op 'n koue wintersaand –
met bleekgeel blommetjies
in 'n wit handsak –
die lewe 'n gevoels-reis maak

My wêreld ...

In die dorpie tussen twee draaie
se klein kafee
het ek mense gesien –
die twee meisies uit Kaapstad
stil eenkant besig
op Engels te lag,
die Duitsers voor
– tipies luidrugtig –
die aandmaal met bier te nuttig
en die blok van 'n eienares

Dis moeilik om te glo
dat elkeen
sy eie wêreldjie iewers het
al is dit ook
aan die gatkant van die wêreld

(Olifantshoek)

Waarom?

In die najaar word dit
     lente
selfs 'n paar reëndruppels
op die ruite gehad vanaand

dit is 'n hartseer lente
miskien omdat
die jaar ook nou vinnig sterf
selfs al word die blomme nou
in al hulle kleure gebore –
'n masker van vrolikheid –
want daarmee saam tog
loop hartseer hand aan hand

waarom is lente soms hartseer ?
waarom soveel blomme as 'n jaar sterf ?
waarom dink ek altyd aan jou –
as ek jou nie kan verdra nie ?

Nánag

Die nánag is soos lood op my bors
ek slinger my siel rond en bont
soos koeie en kalwers op die dam
soos kleintyd

Die dag was so vol
soos 'n droë fontein
maar die lekseltjies brakwater hier en daar
het ten minste my dors geles

Ek is 'n kraan vol soet water
ek leer dit by die kinders
maar soms hier diep in die nánag
dink ek raak my water ook op

Selfportret *(Natuurlik tong-in-die-kies)*

Wie is daardie strontverkopertjie
met die vyfvingerbaard
en die wilde hare,
met vet boude wat so half
verkeerderig sit
en 'n boepmagie van vreet en bier
wat skuins na links oorhel
(die blindedermsny maak glo die vel régs korter)
met sy halfgebreekte neus
en halftoe oë van te veel frons
en deuriekakgeit ?
Verder is sy een been korter
as die ander sodat hy soos 'n Ovahimbahond
altyd skuins teen die wind aanlê
en sy ore sit skeef (wat jy gelukkig net partykeer kan sien)
as jy goud in al sy hol tande moet sit
speel die Reserwebank net daar bankrot.

Wie is die man ?
As hy net slim of sterk was
was hy wragtig 'n gemaakte man !
want met een ding het hy almal uitoorlê :
só 'n minderwaardigheidskompleks kan niemand hê !

Iemand
het eendag Sy lewe
vir mý afgelê

ek is dankbaar

ek verloën Hom party dae
amper gladnie .....

Dromer

Saans

as die geskerts en gelag reeds

vaak-vaak bed toe is,

sit ek nog regop

om 'n deurmekaar herkoutjie

nog 'n keer deeglik fyn te maal –

krities fyn te kou

totdat ek weer –

        soos altyd maar

van buite af

op myself neersien –

en bietjie verag ook,

want ek sien myself

        skielik

in perspektief :

'n dromer

(dis ongelukkig waar)

DOEN nét in sy drome

Donderstorm

Die weer spel pannekoek

die vlieswolk op sy rug

(so helder soos 'n plascon

advertensie voor die son)

kry maar swaar

met die vetgat donderwolk

se boude weggesak

in sy dunnerige pens

'n grypvat hier en 'n vasvat daar

en ons vrind die wind se kind

het ieder vlieswolk op 'n drafstap verslind

só

dat ons ook vir donderwolk met 'n boepmagie

later sommer orals hier bokant ons vind

Die weer spel pannekoek

agter, vêrlangserig, raas Malatel met die vensters –

Ma bring die wasgoed in –

ons luister half bewus :

die eerste druppel

val al

nou

Ariamsvlei

Die volmaan hang

soos 'n varsgespoegde stukkie ghwel

oor die potloodkleurige wolke –

lank en dun –

terwyl die sterk suidoos

soos 'n haas voor 'n hond

oor die vlak aangejaag kom

om die windpomp hier bokant my

sy eentonige klieng klieng pang, klieng klieng pang

te laat sing –

'n eensaam liedjie

op 'n eensaam plekkie

en tog het ek netnou gevoel,

nee, geweet :

God is ook hier iewers ...

Nánag

Nánag

word ek weer klein

die skoene

waarvoor ek vanoggend nog

te groot was

is nou weer puur nommerpas

die skaafsels is nog daar ja

ek lek díe wonde altyd

nánag .....

Kaokoveld 1

In hierdie barre wereld
suid van Mariënfluss se vlak
het God
vir Homsélf
'n tuisland uitgehou
waar Hy
namiddag
as die sand en klippe al
bietjie afgekoel het ná die warm son
kan stap
of teen die klipperige rantjie
kan sit
om rus en stilte vir Sy gedagtes te kry

ek was dáár, my spore lê
blink en dronk in die goue fynsand –
het ek op Sý gebied
oortree
waar ek díe more

in die grys stof en blink dood

die Lewe misgekyk het in

dolle verbyvaart ....?

só amper het ek daar

móés sit :

die Gees het my siel getol

net toe ek al amper deur was .....

Kaokoveld 2 : Mariënfluss

'n aasvoël

  draai

   draai

    draai

oor hierdie

ewigheid

klip

Drie kraaie

  krys

   krys

   krys

skuinserig weg

in 'n oomblik

rante toe

Dis hier waar ek

in 'n oomblik

se onbesonneheid

ingestap het

en skielik

   vir 'n ewigheid

'n slaaf geword het

van haar .....

hierdie dorre, kille, harde. onverganklike, onbevlekte

stilteland van God.

Kaokoveld 3

Eenkant hurk die ou grotes

kop-en-skouers

in die son se laaste

bloedrooi druppels bloed :

waar sagte silwer van hul tapyt

wit, blinkwit, golwend

uitpluim –

maar net vir 'n ewige oomblik

want dan verander alles

in 'n geleidelike sagte

blouwit sprokieswereld

en die ou grotes sak terug

in mistieke mistige bergreekse

en die tapyt in 'n flousagte

naggloed –

vol eie klein geheimnisse

En vanmiddag dan?

Vieruur nog was die

einste ou berge felle draketande

en die grasvlak 'n kille, doodse

woestyn

in banale sonskroei :

oop, en

heeltemal

té skerp –

Dr. Jekyll en Mnr Hyde in die Kaokoveld !

Kaokoveld 4

By Khowarib se fontein staan 'n windpomp
swart soos 'n boom teen die bloue lug
krassende kraaie in krysende vlug
is grys in Kaokoland stof opgetof

Ek't die voetspoor aan die hakskeenkant gevat
en spoor met die koue ashope langs gesny
oor Mariënfluss se vlakte na suid loop die pad
om na links weg te slaan as jy Möwe se afdraai kry

En vóór sy voetspore het ek hom gekry
hy wat voor sy voetspore móét bly
en die vaal stof in sy wilde baard
was minder as die grys stof in sy hart ...

Kaokoveld 5

Ek hét probeer ..

maar hoe kan één man

met 'n flapflou verstandjie

(so klein soos 'n koppiespeldpunt)

hierdie ewige vlakte probeer vasvat

in 'n paar blinkgepolieste woorde ...

Dit is dan groter as

'n ganske woordeboek !

Klein waarhede

Boeke

is vriende

werelde

leef .....

////////

'n Siel

is nie 'n ding om mee te speel nie

moenie dit verkoop nie :

mens weet nooit –

jy kry dit dalk nét eendag nodig .....

/////

Spot is 'n boemerang

pasop :

eendag as jy nie kyk nie

kom slaat dit jou agter die kop

Saterdagstilte

honde blaf

motors brom

hi-fi's blêr

toeters kwaak

grassnyers kletter

tennisballe klap

dis Saterdag

alleen

in die tydloosheid

van my eie gedagte-heelal

en baie stil

Verlange huistoe

dis die klein spoortjies

wat 'n groot pad ooptrap

die vaal paadjie deur die amper-nooit-ophou vlaktes

huis toe

dis die klein dingetjies

wat die klein patrysies van verlange

soms skielik en onverwags

met 'n pynigende lawaai laat opvlieg :

die kruiwawiel kom kyýyk kom kyýyk

van 'n tarentaal deur die hoë geelgras;

sagte motreën wat soms onverwags

soos groen sprietjies in Oktober uitslaan

of Barberton daisies wat oophand die sonlig opslurp

en soms is daar vinnige vlugwindjies van onthou :

die klapbreek van houtkap vir 'n braaivleisvuur

misrook wat teen 'n nat struikbos uit-vraagteken

of fisante wat die rooidag inskrik

maar daar is altyd díe een seertjie

seerder as alles :

niks is so leeg

soos 'n leë posbus

Net vir 'n heen-en-weertjie

Neef Piet Jakkals het dan nenou nog

teenie aandwindjie loop skênner

en jy weet tog al die diere

luister tog sóóó in

en weejy dis 'n skanne Mevrou Doeminies

nouriedag nog sê ek hoeka

vir onse Doeminies Maraboe Onnerbaadjie

daar by die nagmaal op die hartebees

Doeminies weet díe Neef Jakkals

is tog amelee so 'n ou skênnerbek

dis nounie lat ek wil rondpraat

Doeminies weet mos ons Hiënas

is tog alte stigtelike diere en doen

altyd méér as ons deel by iedere

nagmaal nee Doemeinies maar dat

díe Neef Jakkals hom dan

so alte onstigtelik gedra sê ek

Doeminies weet tog om nou die

arme Dingesgat Meishond ag Dominies ek

bedoel tog die Stinkdinges Meishond

en Doeminies weet tog die arme

dier dra hom ook so swaar

aan die vreeslike onstigtelike naam

ek hoor hoeka nouriedag het

hy weer maar ai Doeminies

ag ek bedoel Mevrou Dominies

weet tog ek praat mos nie eintlik rond nie

maar díe ding lat Neef Stinkdinges

sommerso innie nagmaal

sy stinkdinges Mevrou Doeminies

moet tog nie dink ek praat nou

rond nie dis net lat ja

Mevrou Dominies maar lat

Neef Jakkals nou so daaroor skênner

hier teenie aandwindjie maar nie

lat ek eigentlik geluister het nie

Mevrou Dominies weet tog lat

ek my nie eigentlik aan allerhanne

skênnerpraatjies steur nie en ek

luister tog nie in nie en sowieso het

die aandwindjie halfpad gedraai

en ..... hoe sê Mevrou Doeminies?

ai sy arme ou vroutjie is gisternag

deurie skurk van 'n ou Leeu

raakgeklap en gedoot siestog en

díe Neef Jakkals is tog sóó 'n ek sê hoeka

nouriedag nog vir onse Doeminies Onnerbaadjie

hoe 'n alte stigtelike

en besadigde dier díe Neef Jakkals

nou eigenlik is ....

Werklik 'n droom

Silwer vlieg jy

voor die driekwart maan verby

'n feetjie

(of is dit 'n vlermuis?)

ek wil saamvlieg, feetjie

na jou silwer land

waar allenigheid nie 'n kwessie is nie

maar ek is vreeslik bang

(jy's net 'n vlermuis!)

met die terugkomslag

aarde toe

Vir ....

(of miskien onthou jy tóg ....)

ek wil met my kop

op jou plat magie lê

om dit verweg te hoor rommel

soos die ewig vroulike branders –

ek wil die bruin hoedervleis

tussen die wit haartjies op jou voorarms sien uit-

kruip in die koue branderskuim –

ek wil die fyn rooi gaatjies/duikies

in jou vel sien waar die sand jou

      vir 'n oomblik

kon vasdruk –

ek wil die ontwykende seilskepies

se pers seile

in jou oë sien weerkaats –

en ek wil jou groen oë

sien glimlag

oor die glasie koejawelsap

wat ek sonder-om-te-vra vir jou gekoop het –

soos toé

en dan ...

wil ek die pers jakarandablommetjie

- hier so naby my hart –

uit my sakboekie haal

- plat gedruk –

en op jou voorkop

neerlê

want miskien sal jy dan

     vaagweg

kan onthou

van díe een niksbeduidende daggie

(met die pers jakaranda blommetjies

     in jou groen oë)

toe jy iemand se amper-liefde

in een ontwykende oomblik

onder 'n blinknat glasie koejawelsap

     platgedruk het

Afrika ...... adieu ?

maar dan sal ons

op die visarend

se breë skof

(tussen sagte donsvere)

vasskopplek soek

en al teen die groot riviere

afvlieg –

en as ons kom by die Dood

en die donkerrooi bloed

sal die visarend

met 'n laaste aaiii.....!

vir ons vertel .....

dat Afrika

verhuis het :

net 'n paar van sy kinders

baklei nog leep-ogig

oor die krummeltjies –

en ons vra .....

wanneer kom hy

    kom Hy

       kom Hý

  dan ééndag

  terug?

in die waai van my liefde

was jy een nag myne

jou liggaamsee 'n storm

om my –

diep

soos jou oë

blankwit

soos die meeue in jou stem

en sag –

soos die tien-tot-agt leifde

in jou arms

nou dat jy weg is

word jou afwesigheid

skielik

tasbaar – konkreet

en dit druk my vas

in elke groot

      leë

kamer

selfs teen die plafon

sit my spatsels

wanhopig

in stryd om weer

te verenig.

want selfs Newton

se aantrekkings-teorie

het geen invloed

op afwesigheid nie

Pa

ons sal mooi na Ma kyk, Pa

nag Pa

/////

Pa

het lank vir die reën gewag

en eindelik

het dit gekom –

die reën

het Pa gister

sélf begrawe ...

/////

dit het heeltyd gereën

by die begrafnis

so 'n regte Tzaneen misreën

almal se gesigte

was sopnat ...

Pa

ek verlang vandag –

na Pa wat sommer skielik

weg is –

die reën het een van haar misgordels

in geheime opdrag gestuur

en sy het hom skielik

sonder enige vooraf kennisgewing of waarskuwing,

kom haal

ons was nog in alle vrolikheid op die weersien

op pad –

die reën was eerste daar ....

dit het hom tussen sy avokado's

uit sy voetspore geruk

en in die klam rooi grond

       waarvoor hy so lief was,

begrawe

ons, sy seuns

en ook die neefs en ander

het maar net die graf vol rooigrond

gegooi

en Pa was reeds

nie eers meer daar nie ....

en toe

skaars drie maande later

is oom Niek ook weg

net so skielik

is hy agterna

na waar Pa reeds die koffiewater

warm gehou het eenkant

op die hemelboomkole

en self eenkant op 'n sagte klip sit en wag.

Dit was 'n dubbele hartseer

want Pa en oom Niek was van kleinsaf

so na aanmekaar

hulle is selfs drie maande na mekaar gebore

en nou wou oom Niek

ook nie langer wag nie

en is vort

agter Pa aan

en nou wonder mens

daar waar hulle so om 'n hemelvuurtjie sit

of hulle ook verlang en praat van ons

saam met die ander wat reeds daar is :

my oumas en oupas, tant Sannie, oom Faan

en hulle oorlede suster :

iemand wat so jonk dood is

dat niemand haar eers geken het nie

Ek wens ek kon ook saam soontoe

na Pa toe

om ook 'n kommetjie koffie te vra

dáár

waar die liefde en Jesus Christus

'n felle lig van welbehaaglikheid en vrede

oor alles en almal uitstraal

Ek wonder

of my hemelpaspoort

ooit in orde is ....